W0393313

Ich könnte dem unbekannten Menschen danken, der mir in Litauen, Schottland oder Italien flüchtig bloß begegnete. In den beiläufigen Blickwechseln, in den momentanen Beobachtungen steckt manchmal der Keim für einen lyrischen Impuls. In weiter Ferne, so nah liegen die Anlässe für das erkenntnistreibende Spiel mit der Sprache.

Ich könnte mich bedanken bei einem Gespräch, das ich statt eines anderen führte, bei einem Zug, den ich verpasste und deshalb am Schreibtisch saß, bei einer Zeile, die ich aufschnappte und die mich aufschnappte, bei einem Glas Wein, das mich riechen lehrte erst, bei einem Insekt, das ich nicht zu fassen bekam und das mir die Idee spendete, dass das Schreiben genau das sei.

Ich danke dem BMKOES und Schloss Wiepersdorf, der Residenz Hawthornden und den beispielhaften Unterstützerinnen und Unterstützern des Crowdfundings auf der Plattform wemakeit im Mai 2021. Ohne diese Hilfen wäre das literarische Schreiben für mich kaum zu verwirklichen, da mich Brotarbeiten aller Art allzu oft vereinnahmen.

August 2021

Wilhelm Lugerth

2000 Jahre Erfahrung im biologischen Gartenbau

Wilhelm Lugerth

2000 Jahre Erfahrung im biologischen Gartenbau

Waldthausen

1. Auflage 1995

Copyright by Waldthausen Verlag, 27718 Ritterhude

Alle Rechte der Verbreitung und Vervielfältigung, auch durch Film, Fernsehen, Funk, fotomechanische Weitergabe, Tonträger jeder Art und auszugsweisen Nachdrucks, sind vorbehalten.

Satz, Gestaltung und Druck:
Buchdruckwerkstätten Hannover GmbH

Dieses Buch wurde auf chlorfrei gebleichtem Papier gedruckt.

ISBN 3-926453-97-4

Printed in Germany

Inhaltsverzeichnis

Ist die Kompostwirtschaft in eine Sackgasse geraten?

Nicht alle Rezepte und angelernten Behandlungsvorschriften von Kompost und Boden halten, was sie versprechen – sei es nun auf konventioneller oder biologischer Basis. Aufgrund von Studien alter bodenkundlicher Texte – auch vor *Justus Liebig* waren vielleicht nicht alle Bauern und Grundbesitzer auf den Kopf gefallen – wurde zuerst einmal der Ansatz einer neuen Sicht der Dinge ausgearbeitet, die hier zur Diskussion gestellt werden soll.

Unsere älteren Gärtner haben alle noch gelernt: Kompost erst nach dem dritten Jahr verwenden. Wenn am Abbau das ganze Bodenleben beteiligt ist, dann muß die volle Reife vier Jahre dauern, da es im Bodenleben viele vierjährige Metamorphosen gibt. Chinesen, Japaner oder Koreaner trocknen Mist und Fäkalien und zermahlen sie mit schweren Granitwalzen zu Staub. Bei 4 Ernten im Jahr geben sie zirka 1 kg/m^2/Jahr Kompost; das entspricht einer Bedeckung von etwa 1 mm Stärke. Unsere »Biologischen« fordern 2 bis 4 cm, das sind 10 bis 20 kg/m^2. Woher die Erkenntnis? *Van Helmont* hat mit seinem berühmten, unbestrittenen Versuch vor 300 Jahren bewiesen, daß mit Hilfe von 1 kg Erde fast 1200 kg Weide wachsen (wäßrige Pflanzen bringen natürlich mehr auf die Waage). Unsere Biochemiker behaupten z. B. im Fernsehen, daß Spinat sich »nur von Luft« ernährt (und verwenden ihn zur Luftprüfung), Spinat gilt aber als »Starkzehrer«.

Nirgends ist eine interdisziplinäre Disziplin so nötig wie in der Agrikultur. Ist man so autonom, so autistisch, daß man gar nicht um sich schaut, alle Mißerfolge auf das Wetter und die »so schlechte« Samenqualität schiebt?

Ein schwerer Lehmboden in Klosterneuburg bei Wien wurde zirka 10 Jahre hindurch mit 2 cm einjährigem, feingesiebtem Kompost gedüngt. Der Kompost war von einem Berater und von einem Labor als »reif« bezeichnet worden. Pferde- und Kuhmist, Küchen- und Gartenabfälle wurden verwendet. Dill, Petersilie, Wurzelpetersilie, Spinat, Knoblauch, Karotten, Sonnenblumen, Lilien, Safran kamen – so behandelt – ab dem 5. bis 6. Jahr immer schlechter, schließlich gar nicht. Tomaten wuchsen üppig, hatten aber schließlich 80 % Braunfäule. Zucchini und Kürbisse wuchsen unberührt gleichmäßig, Gurken setzten sehr wenig Früchte an. Alle Keimzeiten wurden unnatürlich lang. Der Geschmack hatte alles Erfrischende, Edle verloren. Darauf wurde der Boden auf Hungerkur gesetzt, damit er einmal alles Schlechte »verdaue«. Im 1. Jahr war nichts besser, im 2. kamen 2 kniehohe Sonnenblumen, sehr krank aussehend. Im 3. Jahr standen 58 Sonnenblumen da, 3 Meter hoch, 60 waren – wie jedes Jahr – gesät worden. Auch alles andere wuchs wieder. Im 4. Jahr entwickelte sich alles kräftiger, im 5. Jahr noch besser. Tomaten haben keine Braunfäule mehr. Der Geschmack ist erfrischend, edel. Die Keimzeiten sind extrem kurz.

Die Lösung dieses Dilemmas wurde nur möglich durch das einmalige Werk eines Mauren aus Spanien, der im 12. Jahrhundert das Wissen über Agrikultur von seiner Zeit zurück bis zu den Nabatäern, also über 2 Jahrtausende, rettete.

Es ist erschütternd zu sehen, wie alle alten Methoden im Einklang mit modernsten Laborarbeiten stehen, während die Methoden unserer »Biologischen« diesen (verstreuten) Arbeiten widersprechen. Mauren und Nabatäer gelten unbestritten als die berühmtesten Gartenbauer der Geschichte. Mit arabischer Klarheit sagt *El Awam*: »*Kompost im 1. Jahr zieht Schädlinge an, im 2. Jahr ist er noch nicht gut, aber im 3. Jahr kann man ihn verwenden, im 4. Jahr ist er vollreif, im 5. Jahr muß man ihn verwenden, im 6. Jahr ist er nicht mehr viel wert. Unter Dach aufbewahrt, behält er allerdings seine volle Kraft 12 Jahre lang.*«

Es gibt auch heute noch hier und da Gärtner, die das wissen.

Fundamentales zur Kompostierung

Es wird summarisch von »Kompostmaterial« gesprochen, summarisch vom »Boden«. Wir essen zwar, was der Boden hervorbringt, unterscheiden aber recht genau nach Kohlenhydraten, Fetten und Eiweiß. Ein in Zersetzung befindliches Kohlenhydrat, zum Beispiel gärender Most (»Sturm«), wird gern – und ohne Schaden zu nehmen – getrunken. Ranziges Fett wurde und wird noch immer von ganzen Völkern durch Jahrtausende hindurch verwendet. Aber sich zersetzendes Eiweiß – egal ob pflanzlich oder tierisch – kann tödlich sein. Schlangengifte sind Eiweißgifte, fast alle Pflanzengifte auch.

Was wir essen und verdauen müssen, muß auch im Kompost zur Endstufe Mineral verarbeitet werden. Das besorgt das Bodenleben. Das Endprodukt Mineral wird gebraucht, nicht das Bodenleben an sich. Unmittelbar aus den Mineralien baut die Pflanze ihre Gestalt auf (Flechten), mittelbar das Tier. Die Leichen des organischen

Lebens werden wieder zum Mineral abgebaut. Ein gigantisches Recycling. Wo der Abbau steckenbleibt, zum Beispiel im Moor, gibt es nur ein sehr artenarmes und kümmerndes Leben.

Stroh, Astwerk – also Zellulose, also Kohlenhydrate – kann den Boden kaum schädigen. Wird allerdings »Gründüngung« eingearbeitet, kann dies schon geschehen, besonders bei luftarmem, schwerem Lehmboden. Gras, Laub – alles Grüne eben – ist chlorophyllhaltig und enthält pro Kilo ca. 50 Gramm Eiweiß.

Mist ist durch die Verdauung gegangene Nahrung, also weitgehend denaturiert. Trotzdem – es sind auch Ertragsminderungen nach Aufbringen von Frischmist bekannt.

Das Eiweiß der Brennessel zerfällt sehr rasch, die Brennesseljauche, hochgejubelt von vielen »Biologischen«, hat aber einen bestialischen Kloakengestank. Getrocknete Brennesseln sind fast geruchlos! Getrocknetes Eiweiß wird wissenschaftlich als denaturiert bezeichnet und ist harmlos. Also: Grünmaterial vor der Kompostierung trocknen und nur mit getrocknetem Grün mulchen. »Mulchen« kommt übrigens aus dem Englischen und bedeutet »mit Stroh abdecken«.

Getreide gilt als Stärkefrucht, die Kleberschicht (Eiweiß) bewirkte aber, daß der »Schusterpapp« (früher vom Schuster verwendeter Leim) unter einen Abzug gestellt werden mußte, da er bestialisch stank. Diese einfache, wenig Zeit und keine Kosten verursachende »Stinkprobe« sollte für eine Orientierung über die Gefährlichkeit eines Materials doch überdacht werden.

Zum Verständnis der heutigen Agrikultur

Es wäre ja so einfach: Der Kunstdünger war ein Irrtum, kehren wir zu den Methoden von früher zurück. (Mit den Maschinen von heute.) Schon wieder ein Irrtum. Eine Agrikultur gab es vor dem 30jährigen Krieg, nachher nicht mehr. In Holland, Belgien (Wahrscheinlich auch anderswo, welche Historiker kümmern sich darum? Schlachten sind aufregender.) soll es den Bauern verboten gewesen sein, selbst Kompost zu machen. (Bei Todesstrafe, man nahm die Erde so ernst wie die Ägypter das Wasser.) Eigene »Kompostkampagnen« machten das. Die Bauern mußten das Material abliefern, bekamen was sie brauchten, der Überschuß war begehrter Handelsartikel.

Dieser bestialische Religionskrieg vernichtete das Bauerntum ganzer Landschaften restlos, dezimierte alles schwer. Kostbare Überlieferungen, Traditionswissen war vernichtet. Die Hungersnot war so groß, daß Menschenfresserei nicht selten war. Nach diesem Krieg wurde nur mehr »gemistet«. Das Wort Kompost verschwand restlos.

Die Folge: Im 17./18. Jahrhundert konnte am selben Feld 80 Jahre durch Klee angebaut werden, um 1900 nur mehr 6 bis 8 Jahre. Die Erde war »müde« geworden. Hemmstoffe hatten sich angereichert. An dieser langsamen, schleichenden »immer müder werdenden« Erde durch Jahrhunderte, kann man ersehen, wie fraglich Versuche sind, die sich über wenige Jahre erstrecken.

Heutige Hochschulen leisten beste Arbeiten auf dem Gebiet der Mikrobiologie, der Gentechnik – um die Erde kümmert man sich aber immer noch nicht genügend. Einen Anfang kann man nicht kommandieren, das ist nicht Sache der Routine intelligenter Arbeitsteams, da muß ein Genie erst durch spezifische Erkenntnisse die Vorbedingungen schaffen.

Zur Hügelkultur (Beba/Andrä): Macht man einen Hügel nach den alten Anweisungen – es werden Rasensoden eingelegt –, dann ist dies für edle Pflanzen eine schlechte Kulturanlage. Das klassische Hügelbeet ist eigentlich unnatürlich! Wenn unverrottete organische Abfälle aufgeschichtet und dann mit einer dicken Erdschicht abgedeckt werden, kommt es im Inneren zu anaeroben Fäulnisprozessen und Verpilzung.

Die Natur selber ist unser bester Lehrmeister! Da gibt es keine Hügelbeete, keinen Komposthaufen. Da gibt es nur »Oberflächenkompostierung«. Ein geschlossener Kreislauf von ständigem Werden und Vergehen der Pflanzen. Die Natur lehrt uns auch, daß Verrottung an der Oberfläche stattfindet. Dies ist ein aerober Prozeß. Sauerstoff wird optimal verwertet und Kohlendioxid entweicht. Nur Wurzeln verrotten in der Erde!

Hügelanlagen haben sicher interessante Vorteile, aber sie sollten nur aus Erde und verrottetem Material bestehen! Neuerdings werden auch Strohballen eingelegt, was schon wesentlich besser ist. Jedenfalls ist der Arbeitsaufwand enorm. Der Vorteil bei schweren Boden ist eine bessere Belüftung. Aber dies kann besser durch kleine Hügel und Anhäufelungen erreicht werden. Auch die stärkere Erwärmung ist beim kleinen Hügel oder kleinen Damm dank der kleinen Masse schneller erreicht:

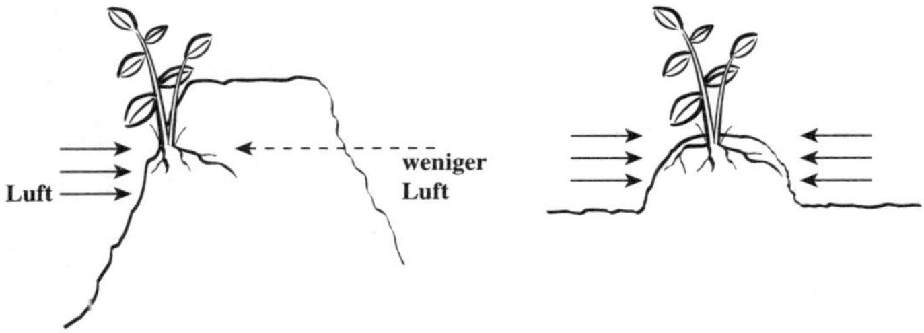

Chinesische Anbaumethoden sind arbeitssparend, raffiniert und durch Jahrtausende erprobt:

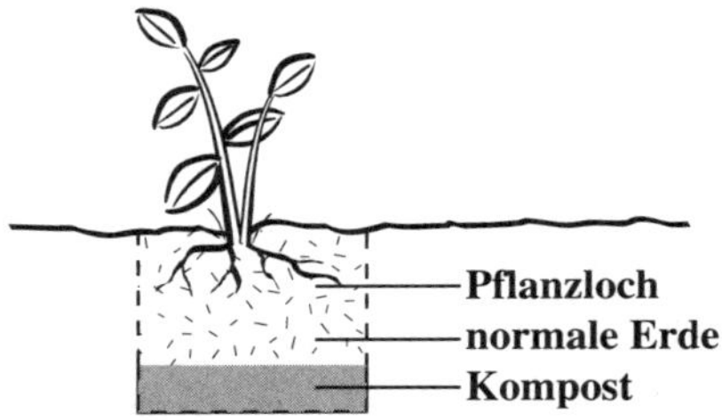

Die Beobachtung, daß Samen und Jungpflanzen besonders empfindlich gegen Reststoffe im Kompost sind, dürfte zu dieser Anordnung geführt haben. Wird Kompost tiefer eingegraben, muß er natürlich besonders reif, besonders hoch mineralisiert sein. Bei Kalksand, der ohne jeden Bewuchs ist, wie ein Strand, kann mit unreifem Kompost nach kurzer Zeit ein enormes Wachstum erreicht werden. Der organische Stickstoff treibt, der Kalk macht Faulstoffe und Hemmstoffe unwirksam; er »desinfiziert«. Das war das kurze »Wunder« von Findhorn. Auf Urgesteinssand ist das aber unmöglich. Hier wirken schon wenig Faulstoffe katastrophal. Ganz wenig Kalk, Dolomit alle paar Jahre, wirken dem entgegen. Größere Mengen »Marga« wären hier angebracht.

Keimproben, Wachstumsproben sind allen Bodenanalysen enorm überlegen, da sie, ähnlich einer Bilanz, den effektiven Wert einer Erde für das Pflanzenwachstum sichtbar machen. Es sollen ja erst weniger als 5% der Bodenbakterien erforscht sein, von den Wechselwirkungen untereinander ganz zu schweigen. Wenn in Abhandlungen immer wieder die Azotobakter und Mykorrhizen erwähnt werden, entsteht für die meisten Leser das falsche Bild eines umfassenden Wissens, für das die beiden aber nur stellvertretend genannt werden.

Analysen sind unverzichtbar, wo es sich um verhältnismäßig einfache Stoffe handelt wie Industrieabwässer, Schwermetalle und dergleichen.

Was für die Erde gilt, gilt gerade auch besonders für den Kompost; egal ob es sich um Mist, Pflanzen- oder Mischkompost handelt: Man nimmt Erde von Stellen, auf denen empfindliche Pflanzen sehr gut gewachsen sind (Spinat, Dill, Petersilie, Sonnenblumen, Karotten). Spinat hat den Vorteil einer kurzen Keimzeit von 10 bis 14 Tagen. Diese Erde durchmischt man intensiv (eventuell auf einer Kunststoffplane) und siebt sie durch. Ein Eimer (10 – 12 Liter) dürfte meistens genügen.

Blumentöpfe, Kunststoffcontainer von Baumschulpflanzen dürfte es in jeden Garten genug geben, ebenso Klarsichtdeckel und -folien. Man nimmt nun möglichst gleiche, größere Töpfe und füllt sie nur halb, damit Raum bleibt für das erste Wachstum unter der Abdeckung. Vorteilhaft ist es, diese Töpfe in einen Eimer zu stellen, in den man einen niedrigen Wasserspiegel gleich hoch hält, um gleichmäßigere Feuchte zu halten. Einen Topf füllt man mit der reinen Erde, Erde pur. In den folgenden Töpfen mischt man diese Erde gut mit durchgemischtem, gesiebtem Kompost im Verhältnis:

Dann sticht man gleich tiefe und gleich viel Löcher, gibt den Samen hinein und füllt mit der jeweiligen Erdmischung auf. Dieses Grundschema kann man kürzen, erweitern je nach Bedarf.

Geschichte des *El-Awam*-Werkes

Im Jahre 1802 erschien in Madrid das »Libro de Agricultura« des arabischen Autors *El Doktor Exellente Abu Zakaria Lahia Aben Mohammed Ben Ahmed Ebn El Awam*, Sevillano aus dem 12. Jahrhundert in spanischer Sprache. Es war 13 Jahre lang auf das Sorgfältigste aus dem Arabischen übersetzt worden. Die Identifikation der Pflanzen war schwierig, denn es gab noch nicht das System der internationalen, lateinischen Pflanzennamen. Dieses Buch wird z. Z. in die deutsche Sprache übertragen. Sinn dieses Büchleins ist es, Sie über den wesentlichen Inhalt mit kurzen Stichworten vorab zu informieren.

Der Prior des spanischen Ordens sagt im Vorwort, daß *El Awam* nicht nur der weitaus universellste Gelehrte war, sondern auch Praktiker, da er selbst ein Gut besaß. Dem spanischen Regenten wird empfohlen, dieses Werk zur Grundlage der spanischen Landwirtschaft zu machen, mit der es, seit der Vertreibung der Mauren, durch 7 Jahrhunderte bergab gegangen sei. Es wird die ruhige, vornehme Sprache des *El Awam* bewundert. (Seine Geisteshaltung erinnert an *Leonardo da Vinci*, der sich einen Schüler der Erfahrung nannte.) Es wird mehrfach gesagt, daß es nicht gut ist, wenn viel Boden im Besitz von wenigen ist, daß der Landarbeiter auf dem Land, das er bearbeitet, auch wohnen soll. Es wird noch gesagt, daß jetzt (um 1800) sehr viele Bücher über Landwirtschaft erscheinen, deren Autoren diese aber meistens nur vom Schreibtisch aus kennen, aber kein Wissen haben von den in den verschiedenen Landschaften angewandten erfolgreichen Methoden.

Die ältesten Methoden, die *El Awam* anführt, sind die der Nabatäer, die im 9.–4. Jahrhundert vor Chr. berühmte Gartenbauer waren. Also muß ihr Wissen und Können viel weiter zurückstammen. Es verliert sich in einer vorläufig unbekannten Vorgeschichte.

Da *El Awam* eine große Zahl von Experten anführt, deren Erfahrungen sich kaum widersprechen (etwa so wie einige sagen, die Schößlinge von der Südseite eines Baumes seien die besten, andere sagen: nein die von der Ostseite. Keiner aber sagt von der Nord- und Westseite), gibt es sehr viele Wiederholungen, so daß *El Awams* Werk ohne wesentliche Verluste konzentriert werden konnte. Schwalbenmist z. B. als Dünger kann man in unseren Breiten wirklich vergessen.

Schließlich wird noch gesagt, daß in Paris und Leyden viel arabische Agrikulturliteratur liegt. Spanien hatte also die besten Lehrmeister im eigenen Land. Trotzdem verfiel die Agrikultur nach der Vertreibung der Mauren (11. Jahrhundert). Die endlosen, stupiden Schlächtereien weltlicher und religiöser Machtkämpfe in Europa, Kriege genannt, entvölkerten ganze Landschaften, vernichteten Erfahrung, Wissen und Tradition. Die so beschämende Leibeigenschaft ließ zwar örtlich übersteigerte, prunkende Hochkulturen entstehen, aber auf Kosten des ganzen übrigen Landes. Je prunkvoller die Schlösser, desto ärmlicher die Dörfer.

Auswandernde Bauern hatten also nicht viel mitzunehmen. Auf Burgen und Schlössern kann man tonnenweise Kriegsgerät und Marterwerkzeuge bewundern, aber selten Bodenkultivierungsgeräte sehen oder Bilder, die zeigen, wie die umgebende Landschaft im Laufe der Jahrhunderte verändert wurde.

3000 Jahre v. Chr. kannte man in Ägypten 500 Heilkräuter bis ins Detail. Im 1. Jahrhundert nach Christi beschrieb der Grieche *Dioskurides* 800 Arten. Zur Zeit *Karls des Großen* kannte man in Deutschland nur 70.

Im ganzen gesehen ist die Zeit vor der Kunstdüngerepoche keinesfalls eine Zeit der Agrikulturhochblüte. Wir haben also keine Möglichkeit Vergleiche anzustellen. Was sich heute als biologisch bezeichnet, ist noch recht mangelhaft und wird durch fortgesetzte Kultivierungsfehler langsam schleichend schlechter.

Zur Kunstdüngerepoche führten die Experimente der Chemiker *Justus v. Liebig* und *Boussingault*. *Liebig* veraschte Pflanzen und schloß, daß die Mineralien dieser Aschen dem Boden entnommen worden seien. Man müsse dem Boden also diese Mineralien in gleicher Menge wieder zuführen.

200 Jahre vor *Liebig* hatte der weltberühmte Universalgelehrte und Arzt *Johann Baptist van Helmont*, genannt der Faust des 17. Jahrhunderts, folgendes Experiment gemacht: Er trocknete 200 Pfund Erde sorgfältig, setzte einen Weidenzweig von 5 Pfund ein, deckte die Erde gegen Staub ab, goß nur mit Regenwasser und destilliertem Wasser. Nach 5 Jahren wog die Weide 169 Pfund, die Erde hatte aber nur um 62,5 Gramm abgenommen. Nimmt man nun die Asche mit rund 1 % an, so ergibt das, wenn die Weide 169 Pfund minus 5 Pfund lufttrocken wog, rund 740 Gramm Asche, frisch gewogen 370 Gramm, also 6- bis 12mal soviel Mineralien wie die Erde verloren hatte. Heute wissen wir, daß sich die Pflanzen überwiegend aus der Luft ernähren, deshalb die Wichtigkeit reiner Luft. Das Experiment des Universalgelehrten war also wesentlich realistischer als das von *Liebig*, der an *Helmont* gemessen, mehr ein Spezialist war. Hätte *Liebig* von *Helmonts* Versuch gewußt, es stünde heute besser um den Boden und das Grundwasser. Überdüngung ist heute ein weltweites Übel.

Der Franzose *Boussingault*, ebenfalls Chemiker, wollte die Frage entscheiden, ob Pflanzen den Luftstickstoff verwerten können: Er ließ unter einer Glasglocke Pflanzen wachsen, führte den Wurzeln Nährstoffe zu, sorgfältigst von jedem Stickstoff gereinigt. Der Außenluft wurde jeder eventuelle Ammoniakgehalt entzogen. Die Analyse der Pflanzen ergab nicht mehr Stickstoff als im Samen vorhanden war. Der zwingende Schluß also – wieder düngen, Stickstoff zuführen.

Nur-Luft ist unsichtbar. *Boussingault* konnte nicht sehen, daß die Außenluft gar nicht in die Glasglocke zu den Pflanzen gelangte, da sie unter Überdruck stand. Bei der Bildung von nur 1 Gramm Zellstoff werden bereits rund 2,2 Liter Sauerstoff frei (den wir einatmen).

Aber weg vom Laborversuch: In Alaska gehen die Gletscher seit 100 Jahren zurück. Um 500 Meter pro Jahr. Blanker, nackter Fels wird frei. In den ersten 30 Jahren waren Flechten die Pioniere, dann wuchsen Moose. Heute stehen dort herrliche Fichtenwälder, ohne jede Stickstoffdüngung. Die Pflanzen schaffen sich ihren Boden selbst und einen gesunden Boden. Überall, wo Pflanzen wachsen, erhöht sich das Bodenniveau um 1–2 Millimeter pro Jahr. Wir graben ja alte Kulturen aus. In Asien hat man an einer Stelle 7000 Jahre menschlicher Geschichte ausgraben. Schicht liegt auf Schicht. Gesamtdicke 14 Meter, eben 7000 x 2 Millimeter.

Zwei notwendige Klarstellungen

1. Es wird in fast allen um die biologische Landwirtschaft bemühten Kreisen immer wieder vom Vorbild Natur gesprochen, geschrieben, geschwärmt: Naturland, Naturmethode (no digging, sheet composting). Wenn man innerhalb der Natur bleiben will, muß man als Sammler/Jäger leben, alles lassen wie es ist. Ackerbau, Gartenkunst, Vieh-, Pflanzenzucht ist aber eine **Kulturleistung**. Es wird nicht »wie die Natur« gearbeitet, sondern **mit der Natur**. Um solche Kulturleistungen zu vollbringen, muß man besondere Fähigkeiten haben, wie auch in Kunst, Wissenschaft und Technik. Ein Rassepferd, richtig zugeritten, ist schneller, ausdauernder als ein Wildpferd, wird älter und ist viel schöner. Ein Getreidehalm ist sehr viel ausgeprägter, klarer, als der entsprechende Grashalm. Und er ist die Grundlage unserer Ernährung. Damit soll nicht das geringste gegen die Freude an der Natur gesagt sein. Kommt man aus der Betonwüste, dann ist es verständlich, daß ein Urwald als Paradies empfunden wird.

Nur – schaut man nach der ersten Begeisterung genauer und länger hin, dann sieht man, daß auf ein schönes Exemplar sehr viel Kümmerlinge kommen. Ausgewanderte Bauern nannten eine solche Urlandschaft eine »Erschreckliche Wildnis«.

Zustände, die alles andere als erfreulich sind, bezeichnen wir noch heute als einen »Großstadtdschungel« oder »Paragraphendschungel«.

Die Zahl derer, die zu besonderen Leistungen fähig sind, die man im weitesten Sinne als genial bezeichnen kann, ist bei allen Nationen gleich: Sie beträgt etwa 2 %. Die Zahl derer, die fähig sind, Neues, Bedeutendes, rasch zu erfassen, einzuordnen, in Zusammenhänge zu stellen, ist etwa 4 %. Der Rest begnügt sich, die Arbeiten so zu tun, wie es halt üblich ist, ohne weitere Fragen zu stellen (Heidelberg-Untersuchung).

Natürlich kommt es immer wieder vor, daß Menschen der großen Gruppe einen genialen Augenblick haben. Leider befassen sich aber viel zu wenige der Begabten heute mit Agrikultur. Aber – der »Zug der Zeit«

geht enorm zum Garten. Sehr viele haben einen und sind nicht gerade glücklich über die Unsicherheit, Widersprüchlichkeit der Meinungen, der Empfehlungen, auch innerhalb einer Richtung. Die Gärten und Landwirtschaften, nach diesen Ideologien kultiviert, sind keinesfalls sehenswert, wie man es erwarten sollte.

Die ganze Hilflosigkeit und Konfusion offenbart sich in Aussprüchen wie: *»Wir geben keine Empfehlungen mehr, denn jeder Boden, jeder Mensch ist anders.«* Oder die seltsamerweise gleiche, spontane Äußerung dreier Lehrstuhlinhaber, nachdem sie die Grundlinien des *El Awam* rasch erfaßt hatten: *»Na also, da hätten wir etwas, an das wir uns halten können.«*

Bilanz über ca. 30 Jahre

Als der Kunstdünger billig war, wurden riesige Mengen verwendet, um möglichst viel zu ernten. Das Resultat waren schrecklich fade, leer schmeckende Produkte. Ohne anregende, anheizende Aromastoffe verschlackt der Stoffwechsel. An der Volksseuche Rheuma, den Stoffwechselkrankheiten sind diese Produkte mitschuldig. Da begannen die »Biologischen«, und es war direkt befreiend zu spüren, wie der ganze Organismus zu diesen Produkten »Ja« sagte; wie essen wieder zu einem Erlebnis wurde. Dann begann der Kunstdünger immer teurer zu werden. Die Bauern und Gärtner sparten und verwendeten wieder mehr Mist. Diese Ergebnisse waren schon viel besser. Aber die fortgesetzten sich addierenden Folgen der Kultivierungsfehler der »Biologischen« bewirkten, daß heute die Aromen immer weniger begeistern. Das Erfrischende, Reine, Klare, Belebende fehlt. Obwohl der Qualitätsverlust langsam, schleichend erfolgt, wird vieles in den Reformhäusern nicht mehr gefragt. Das ist die Lage in den jetzigen 90er Jahren.

2. Über die Frage, **wann ein Kompost reif** sei, gibt es nur in einen Punkt Übereinstimmung: daß man keine Prüfmethode habe. Die Meinungen gehen vom Verwerfen eines mehrjährigen »total mineralisierten« und daher vollkommen wertlosen Kompostes, der kein Bodenleben mehr ernähren könne

(stimmt, er ist ja bereits Produkt dieses Bodenlebens), bis zur Bezeichnung als Edelkompost, herrlich für Saatrillen. Ein geradezu klassisches Mißverständnis.

Diese wichtigste Frage klärt sich wie von selbst, wenn wir die beiden Hauptvorgänge in der Natur in Ruhe anschauen: Den Vorgang des Wachsens, Aufbauens, der Bildung organischer Stoffe, eben der Pflanzen, und den Vorgang des Abbauens, der Bildung eines neuen Bodens.

Wachsen.

Am klarsten ist es bei den einfachsten Pflanzen, den Flechten, zu erkennen. Diese papierdünnen Gewächse haften am Gestein und ernähren sich, indem sie durch Ausscheidungen dieses Gestein auflösen. Sie haben ihren »Magen« restlos außen. (Auch unsere Verdauungssäfte gehen fast nach außen, bis an den Wall der Zähne!) Diese Fähigkeit, sich durch artspezifische Ausscheidungen seine Nahrung zu wählen und zuzubereiten, haben alle Pflanzen. Nur die wenigen Schmarotzerpflanzen leben vom Saftstrom der Wirtspflanzen, wie der Säugling von der Muttermilch. Zu diesem Grundvorgang kommen noch die Symbiosen. Die Flechten leben bereits mit Algen und Pilzen zusammen. Je »höher« und komplizierter das Leben, um so mehr Symbiosen. (Denken wir an unsere Darmflora oder an den Pansen des Rindes!) Aus dem Anorganischen wird die organische Pflanze (mittelbar auch das Tier). Kohlenstoff und Luft lassen wir außer Betracht, trotz des höheren Anteils. Sie sind da, wir greifen in keiner Weise ein, nur unbeabsichtigt durch die Luftverschmutzung.

Bodenbildung.

Dieses ganze, so reiche Leben wäre bald unmöglich, wenn das Abgestorbene, Ausgeschiedene nicht wieder bis zur Mineralstufe abgebaut würde. Diese Arbeit vollbringt das Bodenleben. Es erneuert die Erde, findet dann sein Leben. Die Pflanze braucht also das Produkt dieses Bodenlebens, nicht dieses Leben an sich. So wie auch wir nicht die Menschen einer Fabrik brauchen, sondern deren Produkt. Diese brauchen wieder nicht uns, sondern unser Geld. Ist die Arbeit getan, alles umgearbeitet, geht das Bodenleben in äußerst robuste Ruheformen über, um sofort aktiv zu werden, wenn neue Organismusreste ankommen. Eine absolute Ruhe gibt es kaum (am ehesten noch in der Wüste). Haben wir alles abgeerntet, scheinbar restlos, bleiben im Boden die oft viele Meter tiefen Schleier der Feinstwurzeln (ein Getreidehalm hat eine Gesamtlänge von 15 km). Im Moor findet dieser restlose Umbau nicht statt. Hier gibt es nur eine artenarme Vegetation, die dazu noch meistens verkümmert.

Diese neue Erde ist aber kein massives Mineral, sondern eine Art lockeres Gewebe aus vielen Mineralien und unbekannten Stoffen. Dies trifft auch zu bei sehr einseitigem Untergrund, da die Lufternährung vielseitig ist.

Wir wissen heute vielleicht 100mal mehr als vor 50 Jahren, aber noch immer viel zu wenig, um ein auch nur halbwegs geschlossenes Bild zu haben. Je feiner unsere Instrumente und Methoden werden, um so mehr entdecken wir.

Man glaubte lange Zeit, Meerrettich enthielte **ein** Senföl. Durch die Gaschromatographie wurden jetzt 100 verschiedene entdeckt. Die Formeln von 30 Arten hat man gefunden. Und so geht es überall im Bereich des Organischen. Diese neue Erde ist eben der gare Boden, in dem allein Pflanzen, besonders Kulturpflanzen wachsen, ohne zu degenerieren.

Schauen wir uns nun einmal an, **wie** der Umbau, die Kompostierung in der Natur vor sich geht: Abgestorbenes, Ausgeschiedenes sinkt zu Boden in dünnsten »Schichten«. In den heißen Zonen ungefähr gleichmäßig, in den anderen stark gehäuft im Herbst. Richtig verarbeitet wird erst im folgenden Jahr. Das Laub kommt welk, dürr, gewellt, eingerollt herab; Gras und einjährige Pflanzen vertrocknen aufrecht, zerbröseln im Frühjahr, im jungen Aufwuchs locker am Boden liegend. Der ganze Umbau findet unter maximaler Durchlüftung und im Lichte statt. Es gibt keine massiven Grünmassen, keine Komposthaufen mit »Haut«, keine hohen Temperaturen. Die für den Abbau so wichtigen Fermente werden bereits bei Temperaturen über 50 °C zerstört. Bis die Oberschicht eines Jahres in die Wurzelzone kommt, vergehen viele Jahre. Nur der Regen schwemmt Wasserlösliches nach unten.

Da wir aber schlagartig anbauen und ernten, müssen wir anders vorgehen wie die Natur: wir lassen den Vorgang der Erderneuerung, des Kulturboden-Werdens, gesondert unter optimalen Bedingungen vor sich gehen und geben das reife Produkt, frei von giftigen Zwischenprodukten, wie sie beim Eiweißabbau zwangsläufig entstehen, zurück. Auch hier übertrifft **richtige** Kultur die Natur. Eiweißzerfallprodukte können im Boden Stoffe blockieren und Mängel vortäuschen. Läßt man den Boden »hungern«, damit er erst einmal richtig verdaut, verschwinden die Mangelerscheinungen von selbst.

Schlangengifte sind Eiweißgifte und das wahrscheinlich stärkste Gift, das Botulin, ebenfalls. »Einige Moleküle der Reinsubstanz dürften genügen« (Universitätsauskunft 1987).

Wenn nun ungefähr das ganze Bodenleben am Umbau beteiligt ist, dann kann ein Kompost erst nach 4 Jahren reif sein, da es im Bodenleben sehr viele 4jährige Metamorphosen gibt. Aasfresser können Faulendes verdauen, müssen aber nicht. Sie werden in allen Tiergärten mit bestem Erfolg mit Frischfleisch gefüttert. Genauso sind Pflanzen verschieden empfindlich gegen Faulstoffe: dem Kürbis machen sie scheinbar nichts; Dill, Petersilie, Spinat, Karotten, Sonnenblumen wachsen schlecht oder gar nicht. Die Keimzeiten werden extrem lang. Am empfindlichsten scheint Dill zu sein, man kann sie als Kontrolle netzförmig säen. Tomaten wachsen üppig, bekommen aber Braunfäule. Bei allen verliert aber der Geschmack das Frische und das Edle.

Viel zu wenig ist der fundamentale Unterschied zwischen Grünmaterial, Holz und Stroh bekannt: Holz, Stärke und Zucker sind Kohlenhydrate und vergärbar. Grünmaterial enthält Eiweiß (Laub ca. 50 g/kg) und fault.

Mist und Jauche sind Ausscheidungen mit viel Hormonen usw. Jauche ist fast frei von Eiweiß (ca. 0,00005 %). Mist enthält ca. 30 g Eiweiß pro Kilo Trockenfutter. Trotz des angedauten mit Fermenten usw. vermengten Zustandes kann es zu Ertragsminderungen kommen, wenn Frischmist und Frischjauche verwendet werden, besonders auf wenig durchlüfteten schweren Böden. Qualitätsverluste sind auf jeden Fall da, Menschen und Tiere merken es am Geschmack.

Ein einfacher Versuch zeigt die enorme Verschiedenheit von frischem Grün gegenüber Stroh, Holz und Getrocknetem. Am einprägsamsten ist der Versuch mit der grünen Brennessel, deren Eiweiß besonders rasch zerfällt: Frische Brennesseln werden in einen Eimer getan und mit Wasser übergossen. In wenigen Tagen entwickelt sich ein furchtbarer, konzentrierter Kloakengestank, gegen den Mist-Jauchengeruch fast angenehm ist. Macht man das gleiche mit getrockneten Brennesseln, so ist der Geruch nicht viel anders als bei eingeweichtem Stroh oder Holzwolle, also vergleichsweise fast geruchlos. Das getrocknete »denaturierte« Eiweiß wird eben ganz anders ab- und umgebaut. Nur selten kann man nebenbei als Randbemerkung lesen, es sei gut, Grünmaterial vor dem Einbau in den Kompost abwelken zu lassen. Von chinesischen Bauern wird berichtet, daß sie Kompostmaterial wochenlang in dünnen Lagen ausgebreitet liegen lassen.

Sehr mißverstanden wird der Regenwurm. Er lebt von bereits angefaulten Pflanzen, er frißt sich durch die Erde, weil eben die feinen Wurzelschleier sonst nicht anders erfaßt werden können. Er filtert, reinigt die Erde von Faulem. Sein Produkt ist mineralisch (durchsetzt mit den vielen bekannten und unbekannten Feinstoffen). In Sümpfen, wo viel fault, fressen sich Lurche in Froschgröße genauso durch den Schlamm.

Lassen Sie mich ein Beispiel anführen: Ein schwerer Lehmboden hatte ca. sieben Jahre lang einjährigen feingesiebten Kompost erhalten. Dieser Kompost war von einem Berater und einem bekannten Fachlabor als sehr gut bezeichnet worden. Nur – es wuchs alles schlecht, vieles überhaupt nicht. Der Geschmack begeisterte nicht. Der Boden war tief gar, und es waren sehr viele Regenwürmer da. Nach einer dreijährigen Hungerkur wuchs alles bestens, keimte gleichmäßig in kürzester Zeit. Der Geschmack war herrlich. Der Boden war gar, etwas weniger tief, Regenwürmer waren sehr viel weniger da, etwa nur ein Viertel. Viele Faulstoffe – viel Regenwürmer. Also ist das Regenwurmzüchten eine nutzlose Arbeit. Ein guter Boden ist gar, ein garer Boden muß aber nicht unbedingt gut sein.

Das Bisherige ist gesagt worden, damit die nun folgende Lehre von *El Awam* leichter erfaßt werden kann.

Die Lehre des *El Awam*

El Awam bezeichnet die Kenntnis der verschiedenen Erdarten als Fundament der Agrikultur. Seine Einteilung deckt sich mit der Grundeinteilung unserer heutigen Praxis: Von Sand bis Lehm, von leicht bis schwer, von mager bis fett, von schwarz bis hell und von warm bis kalt.

Unsere heutige Kenntnis der Mineralien, des massiven Gesteins, ist weit größer als zur Zeit des *El Awam*, jedoch die Analyse einer Humusschicht (auch Dünger) macht noch größte Schwierigkeiten. Je nach verwendeten Lösemitteln, der Bodenart, Jahreszeit, Regen- oder Trockenperiode schwanken die Befunde von 1:10 und mehr. In der Fachwelt gibt es sehr verschiedene Beurteilungen der Untersuchungsmethoden.

Nimmt man Erde von vielen Stellen für eine Analyse, dann hat man einen Durchschnittswert, der wenig aussagt über eine Stelle. Sehr viele Stellen zu analysieren verbietet sich aber aus Kostengründen.

Sieht man sich jedoch den ganzen Pflanzenwuchs eines Feldes, einer Gegend an, dann hat man beliebig viele Punkte und den Gesamteindruck, und dies durch die ganze Vegetationszeit hindurch, also unendlich mehr als alle Analysen.

Man kennt heute schon sehr viele Symptome, die Mangel oder Überschuß sowie Krankheitsbefall anzeigen. Was fehlt, ist ein strapazierfähiges Taschenbuch mit erstklassigen Farbbildern, das alle Symptome an den jeweils in Frage kommenden Pflanzen zeigt, damit ist es möglich, die ganze Wachstumsperiode hindurch zu kontrollieren. Der Diagnoseblick schärft sich durch Übung. Ein besseres Verstehen, mehr Mitleben, mehr Freude am Beruf, an der Berufung können die Folge sein.

Nun etwas Seltsames: Angesehene Autoren berichten immer wieder, daß chinesische Bauern, aber auch höchsttechnisierte amerikanische Farmer Erde prüfen, indem sie diese kosten. Chinesische Bauern prüfen so auch die Reife des Komposts. Aber keiner dieser Autoren sagt wie der Geschmack sein soll. *El Awam* sagt es: *»In kaltem oder heißem Süßwasser (destilliertem Wasser) wird Erde oder Kompost gründlich verrührt.*

Nach ›einiger Zeit‹ wird gekostet (und ausgespuckt): Gut ist ein süßer Geschmack, schlecht ein salziger oder bitterer Geschmack.« Natürlich ist »süß« sehr schwach, man sagt ja auch »Süßwasser«. Die Abwesenheit jedes Salzigen oder Bitteren ist erstes Kriterium.

Die Art der Bodenbearbeitung ist in zwei der Erfahrung entstammenden Sätzen klar ausgedrückt:

1. Nur ein optimal durchlüfteter Boden bringt optimale Qualität und Quantität.

2. Man muß Sonne in die Erde bringen, der Erde Gutes tun.

Methoden

Schlechte Erde soll alle 5 Tage zwischen Herbst und Frühjahr gepflügt werden. Schwere Erde 2mal im Monat pflügen, wenden, Schollen zerkleinern. Allgemein 4mal im Jahr pflügen, die 4. Furche ist nicht zu ersetzen, gilt als Dünger. Also extreme Durchlüftung. Unsere heutigen Bodenfräsen, Spatenpflüge können dies ungleich besser machen, als zur Zeit des *El Awam*. Magere (Sand-)Erde nicht umdrehen, keine Asche zusetzen.

Pflanzgruben für Bäume sollte man ein Jahr vorher graben, Feuer darin machen und nach einem Regenschauer die Bäume setzen. Erde, die oben war, hinunter zu den Wurzeln, untere Erde hinauf. Also wieder extreme Durchlüftung und – durch das Feuer – Oxidation, das heißt gebundener Sauerstoff. Wird ein Stoff aus einem Oxid gelöst, so ist der Sauerstoff im Stadium »nascendi«, also besonders aktiv!

In sämtlichen Lehrbüchern wird von den Aschen nur der Mineralanteil gewertet, dabei ist der Sauerstoffanteil ein vielfacher, also wieder gebunden. Das bedeutet, daß in einem schweren Lehmboden, der durch Dauerregen von der Luft abgeschnitten ist, den Pflanzen eben der gebundene Sauerstoff zur Verfügung steht. Steinmehle wie Basalt, Perlit, Urgesteinsmehl, Granite sind enorm sauerstoffhaltig. Flüssiges Magma, Lava wird bis zu einem Meter Tiefe von Sauerstoff durchdrungen. (Dieser Sauerstoffgehalt wird normalerweise in Analysen nicht angeführt.) Darauf dürfte die günstige Wirkung beruhen. Wird nun, nach *El Awam*, ein »kleiner Teil« des Düngers verascht (oxidiert), so wird jedes Jahr gebundener Sauerstoff dem Boden zugeführt. Einen Boden pflegen heißt ja nicht, ihn durch dauernden Nachkauf langsam auszutauschen.

Es wird empfohlen, von guten, trockenen Wegen oder Ödland, dort, wo die Sonne hinbrennt und der Wind darüberstreicht, den Staub zu nehmen und einen kleinen Teil davon in die Oberflächenerde einzumischen oder den Staub von Ruinen. *Leonardo da Vinci* empfiehlt ähnliches. Also wieder einmal gebundener Sauerstoff und – besonders wenn der Staub quarzhaltig ist – gespeichertes Licht, Sonne. Um Erde stark zu verbessern, wird empfohlen die Saubohne (Vicia Faber) anzubauen, mit der Wurzel zu ernten, und im folgenden Jahr die getrocknete, gehäckselte Saubohne, gut eingeweicht, in die oberste Erdschicht einzuarbeiten. Vicia Faber gibt der Erde »Süße«.

Vor ca. 25 Jahren wurde noch in einer landwirtschaftlichen Mittelschule gelehrt, daß mit der Saubohne der Boden ganz außerordentlich verbessert werden kann. Nur durch den Anbau. *El Awam* geht bedeutend weiter.

Es wird gesagt, Bodenbedeckung (Mulch) sei gut, aber **nur mit getrockneten**, gehäckselten Pflanzen des Vorjahres. Also keine Faulgifte, auch bei dicken Schichten und Dauerregen.

Vom Leguminosenanbau wird gesagt, daß er die Erde verjüngt, sie könne sich ausruhen. Nur soll man sie mit den Wurzeln ernten. In tibetanischen Gebieten ist es Tradition, Getreide mit der Wurzel zu ernten. Es wird heute oft gesagt, die Leguminosen bringen Stickstoff in den Boden, so eine Art organischen Stickstoff, der im Boden liegt wie der eingestreute Stickstoff aus der Fabrik. Es ist so: Die Pflanzenwurzeln dringen in die Knöllchen ein, und holen sich aktiv den Stickstoff. Die Knöllchen werden, vereinfacht gesagt, ausgesogen. Im Herbst sind es nur wenige Bakterien, denen es gelingt, Dauerformen zu bilden, so daß der Boden im Folgejahr eben gerade »geimpft« ist.

Hochschuluntersuchungen haben ergeben, daß eingeackerte Getreidestoppeln oft leichte Ertragsminderungen im Folgejahr haben (schwerer Boden, viel Regen im Herbst), abgebrannte jedoch leichte Ertragserhöhungen bringen. Die »Biologischen« haben dagegen gewettert, weil das Bodenleben der obersten Schicht (wenige Millimeter) geschädigt werde. Blinde Ideologie anstatt Beachtung der Erfahrung.

Neuerdings werden kranke Bäume gerettet, indem durch Hohllanzen Luft in den Wurzelbereich gepreßt wird.

Diese Jahrtausende alte Methoden sind der heutigen Praxis der »Biologischen«, die maximal 70 Jahre alt sind, meistens entgegengesetzt. Wir kennen zwar den Begriff »Wurzelgasaustausch« bzw. Wurzelatmung, er wird aber in der Praxis kaum beachtet. Hingegen wird eindringlichst immer wieder gesagt, die waagerechte Schichtung des Bodens solle möglichst nicht gestört werden, d. h. am besten die Grabegabel nur einstechen und kippen, damit durch die Risse der Boden Luft bekommt (no digging), notfalls nur flach bearbeiten. Mit dem Sauzahn in Abständen von einen halben Meter tiefe Schlitze ziehen (die sich rasch schließen), um Luft tiefer eindringen zu lassen. Ebenso soll man in Pflanzlöcher die Erde so einbringen, wie sie war. Also genau entgegengesetzt den *El-Awam*-Methoden. Es ist bekannt, daß Hydrokulturpflanzen besser gedeihen, wenn sie zeitweise fast trocken stehen, damit die Wurzeln atmen können. Mit Sauerstoff abspaltenden Tabletten sucht man ebenfalls das Luftmanko zu beseitigen.

Und nun einer dieser Widersprüche, die nur möglich sind, wenn man vor lauter Einzelheiten kein Gesamtbild mehr sieht. Nachdem in einem Lehrbuch von der Wichtigkeit der waagerechten Bodenschichtung gesprochen wird, sagt man etwas später, die totale Sterilisation der Erde mit Heißdampf von 200 °C, 30 cm tief (oder im Kessel) sei zu bejahen, es werden alle Unkrautsamen, Nematoden usw. vernichtet, das gesamte Bodenleben natürlich auch, aber es regeneriere sich im so gereinigten Boden besonders gut und rasch. Und es komme keine Chemie in den Boden.

Um Klarheit zu bekommen, braucht man sich nur die Generationenfolge von Bodenbakterien anzusehen: 5 bis 6 pro Stunde – das sind in 24 Stunden eine Zahl mit 19 Stellen, also im Bereich der Trillionen oder einige Kubikmeter, rein rechnerisch.

Es braucht also nicht befürchtet zu werden, daß die Methode des *El Awam* das Bodenleben schädigen oder stören. Im Gegenteil: Im optimal durchlüfteten Boden gedeiht alles nicht nur besser, sondern auch richtiger. Man kann es schmecken. Die Angabe *El Awams »die letzte Wendung des Bodens solle 20 Tage vor der Saat erfolgen«*, könnte mit dem Wiederordnen des Bodenlebens zusammenhängen. Ein »einfacher« alter Gärtner sagte aus seiner Arbeitserfahrung über schweren Boden: *»Lieber einmal mehr hacken (lüften) als einmal mehr gießen.«*

Kompost

El Awams Wertung des Kompostes ist klar, prägnant:

»Im ersten Jahr zieht Kompost Schädlinge an,
Im zweiten Jahr ist er noch nicht gut,

Ab dritten Jahr kann man ihn verwenden,
Ab vierten Jahr ist er vollreif,
Im fünften Jahr soll man ihn verwenden,
Im sechsten Jahr ist er nicht mehr viel wert.
Hebt man ihn aber unter einem Dach auf, kann man ihn zwölf Jahre bei voller Kraft erhalten.«

Dieses »Wertloswerden« im Freien kann nur durch den Regen, durch das Auswaschen wasserlöslicher Feinstoffe verursacht werden. Eine Empfehlung *El Awams* ist so verständlich: reifen Kompost nicht auf einmal ausbringen, sondern verteilt. Wir können ja auch nicht im März den Vitaminbedarf bis November auf einmal auf Vorrat essen. In der freien Natur ist ja dieser Vorgang stetig, über die ganze Vegetationszeit verteilt.

Alte Berufsgärtner sagten, sie hätten auf ihrer Berufsschule noch gelernt: Kompost nicht vor dem dritten Jahr auszubringen. Zwei andere sagten, sie hielten stets 6–8jährigen Kompost bereit. Wo etwas nicht in Ordnung sei, kämen einige Schaufeln hin, und es komme alles wieder ins richtige Lot. **»Alter« Kompost also als Heilmittel!** – Berichte aus Indien, China, Ostafrika erzählen immer wieder von vier Komposthaufen: 1, 2, 3 und 4 Jahre alt.

Leider wird es nicht als eisernes Gesetz gelehrt und erkannt. Wenn man es einmal zweimal nicht befolgt, explodiert nichts im Garten und im Feld, so wie in der chemischen Industrie, wo dann der Fehler nicht abgestritten werden kann. Nur – nicht sichtbare Fehler sind genau so da. Bevor man sie sieht, schmeckt, riecht man sie, wie die vielen »feinen« Einflüsse der Witterung, Temperatur usw.

Die Pflanze hat eben ihren Magen außen. Sie kann vieles nicht verweigern wie Mensch und Tier, die einfach den Mund schließen. Wird der Gans der Schnabel mit Gewalt geöffnet und Nudeln in den Hals gestopft, dann wird sie krank und bekommt eine ölige Leber, Atemnot usw. Es ist dabei ziemlich gleich, ob die Nudeln »Biologische« sind oder gewöhnliche Fabrikware. Genauso wird die Pflanze krank durch leichtlöslichen Stickstoff, egal ob dieser aus der Fabrik oder aus einer biologischen Pflanzen- oder Tierjauche stammt. Hier ist sogar das Fabrikprodukt vorzuziehen, da es frei von Faulgiften ist.

Aber eines ist gleich: Gans und Pflanze bringen mehr Gewicht auf die Waage. Daß die nach Atem ringende Gans krank ist, sehen viele, bei der Pflanze sehen es nur sehr wenige. Vielleicht deshalb, weil wirklich gesund gezogene Pflanzen so selten sind. Es fehlt das gesunde »Urbild«, um vergleichen zu können.

Vielen Menschen braucht man allerdings nichts mit Gewalt in den Schlund zu stopfen. Wenn sie sich die Freßgier erst einmal anerzogen haben, so mästen sie sich selbst. »Gierschlund« nannte *Leonardo da Vinci* seinen Gesellen *Sallei* immer wieder. Solche überernährte Menschen, die ständig essen, bevor sie noch hungrig sind, haben fast immer eine gedämpfte Empfindung, sind z. B. als Prüfer nicht geeignet.

Nun eine Begriffsverwirrung, die in biologischen Kreisen stark verbreitet ist: Ein Komposthaufen sei ein Organismus und solle eine Haut (aus Erde) haben. Ein Organismus ist eine Einheit, ein Individuum. Zwei Menschen, zwei Bäume können nicht zu einem zusammengepreßt werden und nicht geteilt werden. (Stauden sind Ansammlungen, sie können geteilt werden.) Das Umsetzen soll gut sein (Durchlüftung), und die luftdrosselnde Haut ebenfalls. Ein Komposthaufen kann geteilt werden, mehrere können zu einem zusammengeschaufelt werden, er ist also eine Symbiose, genau wie die Menschen einer Arbeitsgemeinschaft.

Die Tatsache, daß in biologischen Böden die Pflanzen längere Keimzeiten haben, wird so erklärt: der Kunstdünger »stoße« die Pflanzen aus den Boden. Die längere Keimzeit sei das Natürliche. In Böden, die nur reifen Kompost bekommen, sind die Keimzeiten extrem kurz: nicht der Kunstdünger stößt, sondern die Faulstoffe hemmen; alles wird träge und faul.

Die esoterische Begründung des »unreifen« Komposts ist meines Erachtens ein Hirngespinst. Die ganze Kunst des Kompostierens bestehe darin, die schaffenden Naturwesenheiten zu engagieren, bevor sie sich entfernt hätten.

Was wirklich beobachtet werden kann ist dies: Wo die **Vorbedingungen** für ein Wachstum gegeben sind, sei es ein geheiztes Glashaus inmitten einer Eiswüste, sei es in einem

Space-shuttle tausende Kilometer über der Erde, wächst alles sofort. Wichtig sind die Vorbedingungen, sei es nun die Bodenqualität oder die fehlerlosen Gene.

Ohne gutes Werkzeug entsteht kein makelloses Werk. Dies gilt für die Naturkräfte noch mehr als für Menschen. So wie Arbeitskräfte Menschen sind, genauso sind Naturkräfte Wesenheiten mit personellem Charakter. Es ist jedoch müßig, über An- und Abreise Gedanken zu spinnen, weil sie augenblicklich da sind, wenn es Arbeitsmöglichkeiten für sie gibt. Nichts gegen Esoterik, aber alles gegen esoterisches Geflunker.

Es gibt zuviel mißverstandene Literatur, die aus alten Büchern zusammengeschrieben ist. Abgesehen davon, daß auch in den alten Zeiten der Irrtum, die Leichtfertigkeit wucherte.

Nach all dem Gesagten ist es eigentlich überflüssig, über Gründüngung zu sprechen. Es wird im Beet, im Acker kompostiert (sheet composting gehört hierher). Eine Universitätsarbeit kommt zum (richtigen) Schluß, Gründüngung sei um so besser, je mehr Holziges dabei sei. Das ist eigentlich ein unbeabsichtigter Witz: Wenn gar kein Grün (Eiweiß) dabei ist, ist sie am besten. Das Hügelbeet ist ein gemäßigter Komposthaufen, edle Gewürzkräuter gedeihen schlecht bis gar nicht, der Arbeitsaufwand ist enorm.

Interessant ist, wie die Praxis oft der Erkenntnis intuitiv vorangeht: Vor ca. 25 Jahren wurde von den Mazdaznans (eine vegetarische Gruppe persischen Ursprungs) empfohlen, Kaliumpermanganat in violetter Lösung auf den Boden zu gießen. Es ist ein kräftiges Oxidierungsmittel. Es wurde, bevor es Kühlschränke gab, verwendet, um Fleisch damit zu waschen, das nicht mehr genügend frisch war, und auch als Gurgelmittel bei Halsinfektionen. Heute wird empfohlen, eine hellrosa Lösung alle 14 Tage auf die Blätter zu sprühen, es erfrische die Pflanzen ungemein.

Also: zuerst bringt man Faulstoffe durch unreifen Kompost massiv in den Boden, dann bekämpft man sie mit Hypermangan.

Noch vor 10 Jahren wurde immer wieder gesagt: Kompost kann man eigentlich nie zuviel geben. Unter dem Druck der Ergebnisse sagt man jetzt: Man kann auch zuviel geben. Ja, zuviel, wenn er **unreif** ist.

Diese so schädliche Komposteuphorie erweist sich als Hirngespinst, wenn man zwei Tatsachen berücksichtigt: die Kalaharisteppe erblüht nach dem Regen in unglaublicher Farbenpracht und Farbenreinheit. Die Sandoberfläche wird vom Wind geformt, also gibt es Humus nur in Spuren. In Indonesien und Thailand überschütten Vulkane viele Quadratkilometer mit ihrer Asche. Kaum ist diese abgekühlt, wird sie von den Bauern sofort bebaut, weil sie so enorm fruchtbar ist. Wieviel »Humus«, wie viele Regenwürmer sind in dieser Asche?

El Awam sagt, Jauche müsse in weiten, flachen Gruben mit langen Stangen so lange gerührt werden, bis der schlechte Geruch verschwunden und sie schwarz geworden ist. Also wieder extreme Oxidation. Lange Jahre wurde gesagt, es sei gut, gelegentlich die Jauche zu rühren. Die Gruben haben kleine Oberflächen, also wenig Luftberührung. Jetzt wird gesagt, mindestens zweimal täglich je eine Stunde, mit einem Rohr, das Luft hineinzentrifugiert. Man nähert sich also langsam den Methoden des *El Awam.*

Gibt man vollreifen Kompost, so kann man die Kohlenstoff- und Stickstoff-Frage vergessen. Die Pflanze wird nicht überschwemmt, sie holt sich aktiv, was sie jeweils braucht. Über die Lösungsfähigkeit der so differenzierten Wurzelausscheidungen weiß man noch viel zu wenig. Eine nasse Petersilienwurzel ätzte in ca. 5 Wochen ihr Bild sicht- und tastbar in Bakelit. Dill, der frisch geerntet in einem Heißluftherd bei 50 °C getrocknet wure, ätzte das ganze emaillierte Backblech milchig-trüb, feinrauh. Die Dill-Lage war nur ca. 5 Millimeter hoch, also erfolgte die Ätzung durch gasförmige Ausscheidung.

Nun noch ein Beispiel, das zeigt, wie notwendig Begabte in der Landwirtschaft sind. Gartenidealisten wollen Champignons züchten. Sie kaufen ein modernes Buch, arbeiten genau danach, machen Beete aus frischem Pferdemist und impfen. Gleichzeitig bekommen sie von einem Bauern alten

»wertlosen« 4jährigen Pferdemist geschenkt. Auf den Beeten gehen ganze 2 Champignons auf – und überall im Garten, wo der »wertlose« alte Pferdemist hinkam, wuchsen die herrlichsten Champignons. Sie arbeiten aber weiter mit Kompost, der ein halbes Jahr alt ist, und alle außerordentlichen Anfangserfolge gehen auf ein Mittelmaß zurück. Idealismus allein ist eben zu wenig.

Kompostiert wird nach *El Awam* wie auch heute mit einen Zusatz von Erde (so um die 10 %) mit Mist, Grünem (möglichst getrocknet), Holzigem, Stroh, Küchenabfällen usw. Lederabfälle sind ungeeignet, sie sind so hochgradig von der Industrie vor Verrottung geschützt, daß sie nach 5 Jahren noch vollkommen intakt im Boden bzw. im Kompost lagen. Zerkleinern (häckseln, schreddern) ist sehr gut, da sich durch die stark vergrößerte Oberfläche das Bodenleben rasanter entwickelt und das Mischen viel gründlicher und leichter erfolgen kann. Keine »Haut« aus Erde aufbringen. Lehm schließt von der Luft ab, Sand hält auf den schrägen Seiten sowieso nicht. Der Arbeitsaufwand ist groß, bei Entnahmen und Zugaben wird die Haut sowieso zerstört. Kunststoffolien, stark gelocht (bis 9 Löcher pro cm^2) sind ideal und billig. Das Durchlüften ist mit den Mitteln unserer Zeit ja spielend zu erreichen: Ein oder einige gelochte, dünne Rohre mit Spitze, die man in den Komposthaufen einsticht, ein Staubsauger als Luftpumpe, und das Umsetzen ist überflüssig. Natürlich kann man ein Rohrsystem gleich vorsehen. Es braucht dann nur zeitweise ein Schalter umgelegt zu werden, mit einer Zeitschaltuhr kann diese Arbeit leicht und billig automatisiert werden. Wird anstatt Luft Wasser angeschlossen, kann damit auch genäßt werden. Von der Mitte des Haufens aus sollte nicht genäßt werden, denn er wird leicht zu naß, sondern besonders zwischen Mitte und Rand.

Die Kompostmaterialien werden, verschieden von heute, so bewertet:

Stroh. Erste Qualität ist Saubohnenstroh, zweite Qualität Gerstenstroh, dritte Qualität ist Weizenstroh, vierte Qualität ist Brombeerstroh und fünfte Qualität ist Malvenstroh. Stroh wird als total durchtrocknet genannt. (Die spröden Gerstengrannen kann man fast ein »Organisches Mineral« nennen.)

Mist: Erste Qualität ist mit Abstand Taubenmist (Paloma), zweite Qualität ist Schafmist, dann folgen ohne Reihung Kuh-, Pferde- und anderer Geflügelmist.

Vom fertigen vierjährigen Kompost soll man einen »kleinen Teil« nehmen und veraschen, diese Asche wieder beimengen. (Also jährlich neuer Sauerstoff!)

Im weiteren einige Anwendungen von Spezialkomposten: Zu sehr feuchter Erde soll Esels- und Taubenmist gegeben werden.

Geheilt werden können Pflanzen und Bäume mit ihrer eigenen Asche (individuelle Komponente!) gemischt mit Dünger. Die Asche von warmen Pflanzen wie Jasmin, Rosen, Basilikum, Sellerie mit Dünger gemischt, macht diesen wärmer und stärker zur Behebung von Kälteschäden. Mit Asche gemischter Dünger: Ein Teil Dünger, drei Teile Erde, für Gemüse und Bäume.

Nicht düngen: Nußbäume, Eichen, Kastanien, Lorbeerbäume, Zypressen, wilde Oliven, Rosen, ölige Bäume oder solche, die ölige Bäume als Okuliergrundlage haben.

Dünger ist Gift für: Kirschen, Quitten, Äpfel, Birnen, Granatäpfel, Mandelbäume, Bäume mit Stacheln, Gummibäume, duftende Pflanzen.

Schafdünger nimmt das Salzige der Erde. Ganz alter Dünger ist gut geeignet für Knoblauch und Jasmin.

Behandlung verschiedener Pflanzen und Bäume

Für die Tiefe der Erdlockerung gibt *El Awam* an: Gemüse ein Fuß tief, drei Fuß für Wein, vier Fuß tief für Bäume. Ein Fuß ist praktisch 30 cm. Das ist tiefer als heute üblich, für Containerpflanzen werden heute noch geringere, bequemere Tiefen angegeben, aus Werbegründen. *El Awam* kannte Container, sagt, daß Pflanzen in derselben Erde herangezogen werden sollen, in die sie später versetzt werden sollen.

Gerstenanbau entsalzt Erde. Weizen trocknet Erde, Gerste weniger. Weizen und Gerste machen Erde müde, wenn nur Weizen oder nur Gerste angebaut wird, abwechselnd nicht. Weizen sollte fern von Tierställen und schlechten Gerüchen angebaut werden. Weizen soll vor Sonnenaufgang geerntet werden. Die geernteten Weizenkörner sollte man nicht von der Sonne bescheinen lassen. Das ergibt eine bessere Lagerfähigkeit. Das gilt auch für Leguminosen. Sie sind dann besser im Geschmack und werden beim Kochen früher weich. Säen Sie nicht im Löwenzeichen (18., 19., 20. Juli), sondern 10 Tage vorher. Die beste Vorfrucht für Weizen sind Saubohnen und Linsen.

Wein

Wein sollte nach Meinung vieler am 7. Februar gepflanzt werden. Der Weinstock soll erst nach 2 ½ Jahren geschnitten werden. Weinstöcke im 1. Jahr nur wenig düngen, nur oben, dann immer mehr. Mit 5 Jahren beginnen sie richtige Weinstöcke zu werden, mit 10 Jahren ist das Wachstum beendet. Asche von Trauerweidenzweigen und Rinderdünger geben. Gegenseitig fördern sich Wein – Olive, Wein – Kürbis. Die Traubenernte sollte zum Monatsende (Mondmonat, also gegen Neumond) erfolgen. Mond im Zeichen des Löwen, Krebs, Skorpion, Waage, Wassermann ergibt mehr Saft. Wein am besten im September, Dezember, Januar düngen. Wenn die Früchte zu klein sind, dann alte Asche an den Fuß geben. Zur Stärkung des Weinstocks Wein und Öl mischen und einreiben. Asche von Feigen und Eiche eine Stunde in destilliertem Wasser kochen und damit gießen. Schaf- und Rinderdünger um den Stamm streuen. Eine allgemeine Qualitätssteigerung wird erreicht, wenn im Frühjahr die Wurzeln bei trockenem Wetter freigelegt werden, 4 Wochen offen lassen, bei feuchtem Wetter 6 Wochen, dann wieder Erde darauf. (Auch für Obstbäume.) Das ergibt eine verstärkte Wurzelatmung. (Heute ist dies einfacher mit Hohllanzen und Druckluft.) Wenn Wein viele Ranken bildet, gibt es viele Trauben.

Obstbäume

Pflanzen bei zunehmenden Mond. Düngen von August bis Januar. Gießen: abends bis Mitternacht. Zweihäusige Bäume durch Pfropfen zu einhäusigen machen (wird sehr selten heute gemacht, hat aber große Bedeutung durch zunehmenden Bienenmangel). Zuviel Dünger ergibt faltige Blätter bei Pfirsich, Pflaume, Birne. Gegenseitig fördern sich: Apfel – Birne, Apfel – Citrus, Granatapfel – Murta, Nußbaum – Feigenbaum, Nußbaum und Brombeere. Zu Orangenbäumen keine Saubohnen und keinen Oregano pflanzen. Oliven mit Saubohnenstroh bedecken und gut gießen. Oliven nicht während der Blüte gießen.

Alte, schwache Bäume. Alternder Birnbaum: 15mal begießen mit gutem Wein. Das gibt süßere Früchte. Am Fuß einen Schlitz machen und Nadelbaumholz hinein. Birnen, die zu wenig saftig, zu wenig süß sind: mit gekochtem Wasser gießen, innerhalb von 12 Tagen 4mal spritzen bei zunehmendem Mond. Honigwasser an Stamm und Zweige geben. Obstbäume, die nicht genügend Früchte tragen, besonders Nußbäume, mit roten Bändern umwickeln. (Man denke an unsere heutige präzise Steuerung der Pflanzen für den Muttertag, mittels Blau- und Rotlicht. Vielleicht ließe sich mit einigen Watt elektrischen Rotlichts mehr erreichen.)

Zurückgebliebene Bäume: Außerhalb der Kronentraufe aufgraben, Wurzeln mit der Hand von Erde befreien und 3–4 Tage offen lassen, dann wieder Erde darauf schütten.

Süßere Früchte: Ins Herz der Wurzeln ein feines Loch mit sehr scharfen Werkzeug machen, süße Aromen wie Mandel, Süßholz, Nelken in dieses Loch geben. Nicht bei steigenden Saft (also bei abnehmenden Mond) nicht im Frühjahr, sondern im Oktober und November.

Mehr Obst: Trockene Zweige um den Stamm legen und verbrennen. Dies bei alternierenden Obstbäumen alle 5–7 Tage gemacht, soll bewirken, daß sie jedes Jahr tragen. Wie lange dies gemacht werden soll, ist leider nicht angegeben.

Jasmin, Zitrone, Orange wenn sie alt sind, bis an die Wurzel abschneiden und sehr viel gießen. Das führt zur Verjüngung.

Gegen Insekten, Schädlinge

Apfelbäumen bei beginnender Blüte Zwiebeln umbinden (wirkt wahrscheinlich über den feinen Geruchssinn diverser Insekten).

Zypressenblätter fein mahlen und über blühende Obstbäume (alle) stäuben,

3–5mal innerhalb von 15 Tagen. Früchte und Blätter fallen nicht ab. Bei Insektenbefall der Apfelbäume Wurzeln freilegen und Asche darauf und darauf die Erde.

Gegen sämtliche Baumkalamitäten, Insekten: Gießen zum Stamm mit Wasser, in dem Olivenbaumblätter eingeweicht waren, oder am Fuß Zwiebeln anpflanzen.

Gegen wurmige Früchte: Taubenmist mit Salzwasser verdünnen und damit gießen. Veraschter Dünger, schwarzer Taubenmist (alter), 1/6 Salz, wenig Sand, auf freigelegte Wurzeln schütten.

Ameisen vertreiben mit Oregano.

Maulwürfe vertreiben: Zwiebeln in die Löcher.

Zu Kürbissen, Melonen, Bodenschlingern die Asche von Trauerweiden auf die Blätter streuen.

Eichenasche soll bewirken, daß sich die Mäuse gegenseitig auffressen.

Aus England wurde berichtet (1926), daß

es gelungen sei, mit einem ziemlich komplizierten Verfahren Mäuse in diesen Zustand zu versetzen: die Weibchen bissen den Männchen die Kehle durch, dann fraßen sie das Gehirn. Keine Männchen, keine Vermehrung. Eichenrinde ist sehr gerbstoffreich, Gerbsäure zieht zusammen, verfestigt. Wer weiß,was sie im zarten Mäusekörper anrichtet.

Atomunfall 1986 in Tschernobyl: Hühner überlebten, wo andere Tiere starben. Aber sie wurden aggressiv »wie Adler« – sie hackten anderen die Köpfe auf. Was haben große, robuste Menschen unter Drogeneinfluß schon für Wahnsinnstaten vollbracht?!

Linsen, in Kalkwasser gekocht und an Vögel verfüttert, macht diese wie betrunken, sie kommen nicht mehr wieder. Vogelscheuchen aus schwarzen Tüchern und dergleichen in Vogelform sollen wirksam sein. (Heute: Silhouetten aus Kunststoff, ebenfalls schwarz, dem Flugbild der Raubvögel entsprechend, sollen sehr wirksam sein.)

Linsen zwischen andere Pflanzen gesät, sollen alle Schädlinge an sich ziehen. Asche ist im Gemüsebau wichtig, sie tötet Würmer. (Alle Aschen sind starke Laugen.) Mit Wasser, in der lange Zeit Asche gelöst war, drei Tage hintereinander gießen.

Pfropfen, Vermehren, Verpflanzen.

Das beste Alter, um Bäume zu verpflanzen, ist drei Jahre. Obstbaumstecklinge von besonnter Ostseite aus der Krone nehmen. Einige sagen Südseite sei besser. Zweijährige mit den meisten Augen nehmen. Mit der Hand in warmen Zustand brechen soll besser sein als schneiden. Wenn man schneidet, dann mit sehr scharfem Messer. Wie beim Okkulieren Zweig mit Astteil schneiden, in der Erde wie Rosenranken bewurzeln lassen. Stecklinge kürzen bis auf ein Auge, alle Nebenäste wegschneiden.

In Rindenschlitze am Stammfuß eingebrachter kleiner Stein oder junger Kirschkern oder Goldsplitter (Golddrahtstück) soll fruchtbarer machen. Weiches Schlagen des Stammes soll bei Unfruchtbarkeit helfen. (Unser heutiger Fruchtgürtel ist wahrscheinlich besser.) Dabei soll man dem Baum drohen, daß er umgeschnitten wird, wenn er nicht trage. Als ein alter Gärtner dies hörte, zuckte er leicht zusammen und sagte: *»Komisch, wir hatten einen Apfelbaum, der seit zehn Jahren nichts trug. Wir standen im Frühjahr um ihn herum und sagten entschlossen: wenn er heuer nicht trägt, schlagen wir ihn um – und er trug wieder.«* Zufall? Wahrscheinlich. (Man kann ja dem Baum drohen, wenn's keiner hören kann, damit man nicht in den Ruf eines Spinners kommt.) Als den großen *Benjamin Franklin*, der den Himmel »den Blitz entriß«, ein Journalist fragte, was er noch alles probiert habe, sagte er lachend: das sage ich nicht, sonst ist es mit meinem guten Ruf vorbei.

Pfropfen von Granatapfel und Olive auf Weide wird angegeben, von Apfel und Quitte auf Wein. Pfirsich in den oberen Teil einer Weide (Jilaf) gepfropft, soll Früchte ohne Kerne ergeben. Eine »Blindpfropfung« wird erwähnt, es wird in den Stamm von Feigen, Oliven ein Loch gemacht, in dieses kommt ein Zweig oder Kerne oder Samen. Mit Lehm oder Sand wird zugestrichen.

Samenbehandlung, Samenauswahl

Getreidesamen: Die dicksten sind die Besten (gilt für alle Samen). Goldfarben und wie in Öl getaucht sollen sie glänzen. (In den seltenen Gegenden, die noch heil sind, glänzt alles viel mehr, wie übermütig.) Schon die Ähren sollen ausgewählt werden. Der beste Samen soll zwei Jahre alt sein.

Zwiebelsamen soll vom selben Jahr sein, soll nach 24 Stunden ausgetrieben haben, auf feuchtem Leinen oder warmem Dünger.

Saubohnen: Die besten Sorten sind die weißen »Romanas blankas«, die schwarzen »Negras« und die dicken, blinden »Ägyptischen«.

Kichererbsen: Die glatten weißen werden als beste genannt.

Rettichsamen sollen 30 Stunden in Honigwasser gebeizt werden.

Gemüsesamenkonservierung: Zwiebeln, Karotten, Knoblauch und andere sollen mit

Salz gemischt in eine fettfreie Flasche gefüllt und an die Wand gehängt werden.

Vier Rezepte aus jahrzehntelanger Institutsforschung über Phytozide

1. *Samenbeize mit einen Auszug der Senfpflanze (Sinapsis alba).* 10 Gramm getrocknete Senfpflanze werden bei Zimmertemperatur in 1 Liter Wasser 24 Stunden lang eingeweicht und filtriert (Kaffeefilter). Den Samen 1/2 Stunde darinnen baden, anschließend 1/2 Stunde in gewöhnliches Wasser legen, in 2 bis 3 Stunden trocknen. Dürfte für alle Samen geeignet sein. Schützt den Samen, ergibt eine bessere Keimung, mehr Ertrag, höhere Qualität, besonders bei Erbsen. Senfpflanzen, einige wenige, zwischen andere Pflanzen gesät, wirken im ganzen günstig, besonders bei Erbsen, Bohnen (Eiweißpflanzen).

2. *Beize gegen die Kraut- und Knollenfäule der Kartoffel (Pytophthora infestans).* 100 Gramm der äußeren, trockenen Schalen der Zwiebel werden in 1 Liter Wasser (Zimmertemperatur) 24 Stunden einge-

weicht, filtriert. Die Sporen des Pilzes werden in Sekunden abgetötet. (Es ist ja auch mit bloßen Augen zu sehen: Die ganze Zwiebel, auch Knoblauch, kann verschimmelt sein, die äußeren Schalen sind immer vollkommen frei, auch wenn sie feucht sind.)

3. *Lagerkartoffeln, die mit Katzenminze (Nepeta Cataria L.)* behandelt wurden, hatten nach 5 Monaten Lagerung einen Gewichtsverlust von 14,4 %, die unbehandelten von 26,3 %. Leider wurden keine Angaben über die Konzentration der Beize gemacht. Wen es interessiert, der wird sicher nicht die Arbeit einiger Versuche scheuen, die wenig Zeit und Geld kosten.

4. Um 100 kg *infizierte Kartoffeln vor der Kraut- und Kartoffelfäule* zu schützen, genügen 100 Gramm Knoblauch, fein gerieben. Leider auch hier keine komplette Angabe.

Pflanzzeiten, Diverses

Spinat, König des Gemüses, soll nur bei zunehmendem Mond gepflanzt werden.

Karotten sollen vor dem Winter gesät werden. *Saubohnen* im Oktober säen, vorquellen über Nacht in warmem Wasser, vor der Saat 2mal ackern, 20 Tage nach dem letzten Ackern säen. 2 Finger tief säen, 1 Handbreit Abstand, bei schlechtem Boden 3 Fingerbreit. Eigenes Stroh mit Dünger mischen. Nach Knoblauchgenuß vertreiben Saubohnen den Geruch. Hühner, die Saubohnen bekommen, legen keine Eier.

Hat der *Apfelbaum* zuerst Blüten und dann Blätter, gibt es viele Früchte.

Quitten sollen nicht mit anderem Obst zusammen gelagert werden.

Petersiliensamen soll gegen Seekrankheit helfen.

Bäume, Holzqualität, Fällzeiten

Holz nur von Bäumen machen, die älter als 15 Jahre sind. Eichen fällen, wenn Eicheln reif sind. Andere Bäume Ende des Mondmonats fällen, 27. – 30. und Ende Dezember bis 6. Januar.

Dem Nordwind und der Sonne ausgesetzte Bäume sind die stärksten.

Brotbereitung

Spargelbrot: Spargel trocknen, zerstoßen (mahlen), dem Weizenmehl beimischen und backen. Besonders gesund. Wasser, in dem Kichererbsen gekocht wurden, zur Brotbereitung nehmen.

Anstelle von Hefe: Rosinen 24 Stunden in Wasser einweichen, mit der Hand auspressen. Gibt weicheres Brot, schönere Farbe, besseren Geschmack. Gutes Backwasser, vom Mond beschienen, gibt besseres Gedächtnis.

Noch etwas zum Brot:

Zu Beginn des zweiten Weltkrieges wurde ein Verpflegungsdepot der polnischen Armee erobert. Ein Regiment bekam polnisches weißes Kommißbrot. Dieses Regiment war aus allen Teilen Deutschlands zusammengesetzt. Alle waren »sprachlos« über die Qualität des Brotes. Sie sagten, daß sie die beste Torte stehen lassen würden für dieses Brot. Dabei war die allgemeine Qualität damals schon wesentlich höher als heute. Das Getreide dürfte aus dem Schwarzerdegebiet der Ukraine gewesen sein. Dieses

Schwarzerdegebiet soll über 80 Jahre beste Getreideernten geliefert haben, ohne jede Düngung. Es war auch nirgends in den Dörfern ein Misthaufen zu sehen. Rätsel Schwarzerde, die Wissenschaft sollte sich damit beschäftigen.

Nicht gelöst werden konnten 2 Angaben *Awams.* Bei den Kelten soll eine lehmige Erde, »Marga« genannt, 30 Jahre gewirkt haben, bei den Briten eine »silbrige Marga« 80 Jahre. Geologie-Institute bemühten sich vergeblich um eine Lösung. In einen spanischen »Baedecker« (Reiseführer) stand die Lösung: »Marga« ist ein Meeressediment, das an der spanischen Küste gewonnen, und als Dünger verwendet wird. Es ist ein Kalk-in-Ton Sediment. Der Kalk ist von Silizium umschlossen, das Silizium wird nur sehr langsam aufgelöst. Die Kalkwirkung wird also fein dosiert sehr langsam frei.

Verschiedenes

Cohombrillo-Wurzelsud. Samen, in diesen Sud gebeizt, sollen vor Schädlingen sicher sein.

Orugas romanas, auch *Altramuces* genannt, eine Pflanze, die bald nach ihrem Erscheinen ausgerissen werden soll und dorthin geworfen, wo man kein Unkraut haben will.

Universitätsinstitute bemühten sich vergeblich um Klärung. Vielleicht weiß ein Leser irgendwo Bescheid?

Die Nabatäer sagten, daß die Erde nach einem Regen einen leichten violetten Schimmer haben soll. Es wurde berichtet, daß dies in Schweden beobachtet wurde.

Es wurde absichtlich vermieden, einzelne Richtungen namentlich zu nennen, die Fehler polemisch vorzuhalten. Hat einer davon dieses Büchlein in der Hand, mag er sich damit auseinandersetzen. Die Zahl derer, die in Österreich biologisch arbeiten, ist ungefähr 1–2 pro Mille. Es ist sinnlos, in einer Schrift, die sich an alle wendet, sich mit einigen ganz wenigen, seltenen auseinanderzusetzen. Eine Wende kann nur kommen, wenn die Qualität so hoch wird, daß sie außer jeder Frage steht. Das ist derzeit eher die seltene Ausnahme. Wir leben in einer Luxusgesellschaft, die sich eine bessere, gesündere Nahrung genauso leisten kann wie vieles andere. Nur muß sie einmal angeboten werden. Qualität findet stets ihren Preis. Es ist durchaus moralisch, sozial, wenn die ersten Nutznießer über einen höheren Preis die Umstellungen finanzieren. Es werden für rationelle Arbeiten vielleicht neue Maschinen konstruiert werden müssen. Wieviele Luxusgaststätten, die froh wären, wirkliche Qualität zu bekommen, statt gezwungen zu sein, mit aller Raffinesse minderwertige Ware zu verbessern, was nie ganz gelingt. In Belgien haben die Köche 1986 einen Aufstand gemacht gegen die schlechte Ware, gegen den »Dreck«, den sie verarbeiten müssen.

Zusammenfassung

1. Den Boden weder chemisch noch biologisch vergiften.
2. Der Pflanze nichts aufzwingen, sie selbst wählen lassen.
3. Die total vergessene Boden-Wurzelatmung wieder optimal herstellen.

»Schnell« gehört zur Mechanik, zur Elektronik. Licht, Elektrizität, Magnetismus sind von Natur aus schnell.

»Schnellkompost« ist so unsinnig, wie eine Melodie schnell zu spielen. Agrikultur ist am ehesten vergleichbar dem Dirigieren. Die vorgegebene Partitur ist die Natur, die Schöpfung, taktvoll zu sein, wird zu einer universellen Notwendigkeit.

Tausende von Jahren kannte man weder Sauerstoff, noch Stickstoff, noch Zellulose, noch Eiweiß auch nicht Enzyme, Hormone usw. Trotzdem arbeitete man im großen und ganzen richtig. Wir wissen tausendmal mehr – und arbeiten trotzdem im großen und ganzen falsch.

Über den Autor

Wilhelm Lugerth wurde im März 1916 in Wien geboren.

Nach Schulabschluß erfolgte ein Bildhauerstudium in Wien.

Nach dem Militärdienst verweigerte der Autor 1940 den Kriegsdienst und verbrachte neun Monate im Militärgefängnis.

Wilhelm Lugerth war als Restaurator und Stuckbildhauer tätig, in den letzten Jahren bis zu seiner Pensionierung als Industrie-Designer.

Sein liebster Aufenthalt waren in Wien die herrlichen Gärten, das Palmenhaus und die Orangerien. Als er ein Grundstück erwarb zum Bau eines Hauses, wollte Wilhelm Lugerth einen schönen Garten haben, und er besuchte Gartenkurse. Aber nach Anfangserfolgen ging es mit seinem Garten immer schlechter, bis er »zufällig« auf den EL AWAM stieß.

Wilhelm Lugerth sagte: *»Ich würde noch heute ratlos herumprobieren, wäre ich am EL AWAM vorbeigegangen.«*

Als der *El Awam* um 1800 ins Spanische übersetzt wurde, hatte man mit einzelnen Stellen

Schwierigkeiten. Zur Zeit erfolgt eine neue Übersetzung von einem Dozenten der Arabistik der Universität Wien.

Stichwortverzeichnis

Unsere Buchempfehlungen

Dr. Norman W. Walker/Manfred G. Langer

Zurück aufs Land zur Selbstversorgung

Welche Vorteile haben Sie, wenn Sie auf dem Lande leben, umgeben von Feldern, Weiden, Sträuchern und Wäldern?

Selbstversorgung ist *Dr. Walkers* Antwort auf die Zivilisationsschäden an Leib und Seele, die durch die Verstädterung mit ihrer Fabriknahrung, die verarbeitet, erhitzt, konserviert, gefärbt, bestrahlt oder sonstwie behandelt wurde, in erschreckendem Ausmaß in den letzten Jahrzehnten zugenommen haben.

Manfred G. Langer schildert im zweiten Teil seinen Weg zum Bio-Gärtner und gibt praktische Tips für die Anlage eines bio-organischen Obst- und Gemüsegartens, von Früh-, Hügel- und Hochbeeten, die Herbstvorbereitung, natürliche Düngung, Nützlinge und Schädlinge, die Frühjahrsbestellung und für den Stadtbewohner Hausbegrünung, Balkon- und Zimmergarten.

Dieses Buch enthält viele Anregungen, um »Zurück aufs Land« zu gehen, auch wenn es nur in Ihrer Wohnung, im Hof oder auf dem Balkon ist.

Harvey und Marilyn Diamond

Fit für's Leben

Gesund und schlank ein Leben lang.

Der Gesundheits- und Fitneßplan ist ein Muß für alle, die Probleme haben, eine strenge Diät durchzuhalten. Das Geheimnis der vorgestellten Kost heißt Ernährung in der richtigen Zusammenstellung, damit die Verdauungszyklen ihre Arbeit leisten können. Wer diese einfache Methode befolgt, kann essen, was ihm schmeckt, und dabei nicht nur an Gewicht verlieren, sondern dieses Gewicht auch halten und sich dabei bester Gesundheit erfreuen. Dieses Buch enthält einen vierwöchigen Plan zur Gewichtsabnahme und zeigt, wie dieses Gewicht zu halten ist. Es bietet Menüs, Rezepte und Einkaufstips, die mehr Lebensmittel erlauben als je zuvor. **Weltauflage 12 Millionen Bücher!**

Das neue **»Fit für's Leben« Teil II** behandelt neben der Ernährung Fragen über Wasser, Luft, Schlaf und Ruhe, Sonnenschein, Bewegung und Sexualität.

Waldthausen Verlag · 27718 Ritterhude

Unsere Buchempfehlungen

Dr. Norman W. Walker

Frische Frucht- und Gemüsesäfte

In der ganzen Welt werden auf dem Gebiete der Säftetherapie phänomenale Erfolge dabei erzielt, dem Körper bei fast allen Beschwerden und Krankheiten zu helfen. Das Buch informiert über den Nährwert und die Heilkraft von frisch gepreßten Frucht- und Gemüsesäften. Ihr Wert wird von vielen Ärzten, Heilpraktikern und Ernährungsberatern anerkannt. Die Wirksamkeit der Säfte liegt in der Tatsache, daß nach der Trennung der Vitalstoffe und des Wassers von den Fasern die flüssige Nahrung sehr schnell verdaut wird. Mangel an Mineralstoffen, Salzen und Vitaminen kann zu vielen Krankheiten führen. Wie Säfte zur Heilung beitragen können, erfahren Sie in diesem Buch.

Dr. Norman W. Walker

Täglich frische Salate erhalten Ihre Gesundheit

Dr. Walker beschreibt die Bedeutung der Vitalstoffe (Enzyme, Vitamine, Mineralstoffe, Faserstoffe) in unserer täglichen Kost. Diese finden wir nur in natürlichen Lebensmitteln, nicht in »verarbeiteten« oder sogenannten »veredelten« Nahrungsmitteln, die aus der Fabrik kommen. Er erklärt die Zusammenhänge der Verdauung, die Anatomie des menschlichen Körpers, die überaus wichtige Rolle des Dickdarms für unsere Gesundheit sowie der endokrinen Drüsen, Fußakupressur, Krankheitsursachen, alle Aminosäuren usw. Außerdem werden fast alle gängigen Gemüse-, Salat- und Fruchtarten beschrieben. Das Buch enthält mehr als 100 Rezepte für Salate, Salatsoßen, Festmenüs usw.

Waldthausen Verlag · 27718 Ritterhude

Unsere Buchempfehlungen

Harvey Diamond

Unser Herz – Unsere Erde

Die drei wichtigsten Lebensvoraussetzungen – Luft, Wasser, Nahrung – sind gefährdet. Unser Planet Erde hält uns am Leben, und doch befinden wir uns mit der Erde auf Kollisionskurs. In dem Maße, wie wir die Bodendecke zerstören und vergiften, Bäume fällen, Luft und Wasser verschmutzen und andere Ressourcen ausplündern, bemerken wir langsam die Auswirkungen, wie den Treibhauseffekt, die globale Erwärmung, Löcher in der Ozonschicht, Wasserknappheit usw. Wir spielen mit unserem Leben, und das führt zu allen möglichen Krankheiten, insbesondere Herzerkrankungen und Krebs. Die Massentierhaltung ist dafür die Hauptursache. Wälder werden immer noch für die Aufzucht von Viehherden gefällt. Dieses Buch zeigt aber auch auf, wie Sie sich vor Krankheiten schützen können und wie Sie dazu beitragen können, daß unsere Umwelt nicht weiter zerstört wird und lebenswert bleibt.

Dr. Paul C. Bragg und Dr. Patricia Bragg

Wasser – Das größte Gesundheitsgeheimnis

Die schockierende Wahrheit über Wasser. Ohne Wasser kann der Mensch kaum 72 Stunden überstehen, ohne daß er in einen halb bewußtlosen Zustand verfällt. Aber es ist auch das Wasser, das vorzeitiges Altern sowohl beim Menschen als auch bei Tieren verursacht. Auch viele Krankheiten werden durch das Trinken von mineralhaltigem Wasser verursacht. Dieses Buch enthüllt die Ursachen, warum Menschen und Tiere lange vor ihrer eigentlichen Zeit sterben. Über 50 Jahre intensiver Forschung sind in diesem Buch niedergelegt.

Waldthausen Verlag · 27718 Ritterhude

Unser Verlagsprogramm

Anderson »Ihre Gesundheit liegt in Ihrer Hand«

Baumgardt »Gesunde Kinder« – »Ohne Fleisch gesund leben« – »Ursache und Heilung von Allergien« »Wo finde ich was?«

Becker »100 Jahre alt werden?«

Besson »Dynamisch leben durch Säure-Basen-Gleichgewicht«

Bragg »Apfelessig – das Gesundheits-Elixier« – »Füße, die Dich tragen« – »Gesundes Herz« – »Gesund essen ohne Irrtümer« – »Gesunder Körper – Gesunde Augen« – »Schöne gesunde Haare« – »Wasser – Das größte Gesundheitsgeheimnis« – »Wunder des Fastens«

Bruno »Priester, Tierschützer und Vegetarier«

Cinque »Neue Lebensgewohnheiten«

Coudenhove-Kalergi »Ein neues Leben«

Cournoyer »Impfen JA oder NEIN«

Culbert »CFS – Das chronische Müdigkeitssyndrom«

Davis »Die Kraft der Berührung«

Diamond »Fit für´s Leben« I – »Fit für´s Leben« II – »Neue Eßkultur« – »Unser Herz – Unsere Erde«

Dries »Lebensmittel richtig kombinieren«

Ehret »Die schleimfreie Heilkost« – »Vom kranken zum gesunden Menschen durch Fasten«

Eppich »Alles schwingt – Bioenergie-Training«

Flanagan »Elixier der Jugendlichkeit«

Flatto »Aktiv l(i)eben in jedem Alter« – »Gesund durch Bewegungstraining«

Fry u.a. »Dynamische Gesundheit« – »Nie wieder Herpes« – »Reines Wasser für die Gesundheit«

Geryl »Topfit mit SonnenKost«

Hauck »Ärgere Dich nicht«

Heybrock-Seiff »Richtlinien westlicher Atemtherapie«

Immermann »Vertrauen Sie Ihren Selbstheilungskräften«

Kime »Sonnenlicht und Gesundheit«

Langer »Gesund werden – gesund bleiben mit SonnenKost«

Lehmann »Naturkleidung – Baumwolle, Wolle, Seide«

Michael »Haargeheimnisse«

Moeller »Gesundheit ist eßbar«

Munson »Auch Sie können Glück im Leben haben«

Ogden »Natürliche Haltung von Hunden und Katzen«

Omaljev-Bongartz »Schwangerschaft mit SonnenKost«

Owen »Das Krebstagebuch der Ärztin Anne Rush« – »Roys Heilung von AIDS«

Peterson »Fit fürs Leben durch kreatives Denken«

Waldthausen Verlag · 27718 Ritterhude

Unser Verlagsprogramm

Pollmächer »Gesund werden – Ratgeber für biologische Heilweisen«

Sauer »Fußreflexzonentherapie mit Liebe und Licht«

Shelton »Fasten kann Ihr Leben retten« – »Richtige Ernährung mit natürlicher Nahrung« – »Syphilis – Irrtum der Medizin?«

Spiller »Dein Darm – Wurzel der Lebenskraft«

Stukenbrock »Strom-Monopol heizt unsere Atmosphäre auf«

Tilden »Mit Toxämie fangen alle Krankheiten an«

Walker »Darmgesundheit ohne Verstopfung« – »Frische Frucht- und Gemüsesäfte« – »Auch Sie können wieder jünger werden« – »Natürliche Gewichtskontrolle« – »Strahlende Gesundheit« – »Täglich frische Salate erhalten Ihre Gesundheit« – »Wasser kann Ihre Gesundheit zerstören«

Walker/Langer »Zurück aufs Land«

Wandmaker »Dick+krank« – »Willst Du gesund sein? Vergiß den Kochtopf!«

Yiamouyiannis »Früher alt durch Fluoride« – »Gesundheit aktiv«

Zeitschrift
»Fit fürs Leben« – Die Zeitschrift für Ihre Gesundheit (6x jährlich, A4-Format, z.T. 4farbig, 48 Seiten)

Lebenskunde-Schriftenreihe:
Schrift 1: Milch – Quelle der Gesundheit oder Krankheit? • *Schrift 2*: Lebenskraft durch Fleisch? Ein Märchen! • *Schrift 3*: Fleisch – Ursache von Zivilisationskrankheiten • *Schrift 4*: Gesund bleiben – gesund werden, durch natürliche Ernährung • *Schrift 5*: Unser Wasser – Ursache von Krankheiten • *Schrift 6*: Vegetarismus gestern und heute • *Schrift 7:* Gesund sein ist ganz einfach • *Schrift 8:* 2000 Jahre Erfahrung im biologischen Landbau

Schaubilder:
Lebensmittel-Kombinationstabelle • Endokrine Drüsen • Dickdarmtherapie • Fußreflexzonen-Therapie • Einheimische und exotische Früchte • Vital-Transmitter

Wer ist der beste Arzt der Welt?
Natürlich unser Körper selbst!
Wie entfalten Sie Ihre Selbstheilungskräfte?
Werden Sie GesundheitsPraktikerIn
mit dem 2jährigen Fernlehrgang
der natürlichen Gesundheitslehre

Waldthausen Gesundheits-Schule
DAS LEBEN LERNEN

Waldthausen Verlag · 27718 Ritterhude